Simon Patenteux

Léo-James Lévesque

Illustrations : Sampar

Directrice de collection : Denise Gaouette

L'Harmonie

Rat de bibliothèque

Catalogage avant publication de Bibliothèque et Archives Canada

Lévesque, Léo-James

Simon Patenteux

(Rat de bibliothèque. Série verte; 13)
Pour enfants de 7-8 ans.

ISBN 978-2-7613-2289-8

I. Sampar. II. Titre. III. Collection: Rat de bibliothèque (Saint-Laurent, Québec).
Série verte; 13.

PS8573.E962S55 2007   jC843'.54   C2006-942069-6
PS9573.E962S55 2007

Éditrice: Johanne Tremblay

Réviseure linguistique: Nicole Côté

Directrice artistique: Hélène Cousineau

Édition électronique: Talisman illustration design

Dépôt légal – Bibliothèque et Archives nationales du Québec, 2007
Dépôt légal – Bibliothèque et Archives Canada, 2007

IMPRIMÉ AU CANADA

1234567890 IML 0987
10977 ABCD   EA16

Simon Patenteux est plutôt petit
et assez maigre.
Il porte des lunettes énormes.
Il a l'air très sérieux.
Il rêve d'être un grand inventeur.

Simon énerve tout le monde
avec ses inventions abracadabrantes.
Il n'arrête pas de faire des bêtises.
Il invente des choses très bizarres
dans son petit atelier.
Il est la terreur du quartier.

Ses parents, monsieur et madame Patenteux,
lui répètent en soupirant :
— Attends d'être un peu plus grand !
Et Simon répond :
— Pourquoi attendre ?
Je suis déjà un génie.

C'est parfois difficile de vivre
avec un garçon aussi intelligent.
Les génies ne jouent pas
comme les autres enfants.
Ils rêvent tout le temps.

Les génies fabriquent des fusées
qui font des acrobaties et piquent du nez.
Ils construisent des robots
qui font un terrible vacarme.
Ils inventent des pantoufles
qui sautillent comme des ouaouarons.

Chaque samedi, monsieur et madame Patenteux
font le grand ménage de la maison.
La cuisine est pleine de balais,
de seaux et de chiffons.

Simon observe ses parents
avec beaucoup d'attention.
— Il doit y avoir une façon plus rapide
    d'avaler toute cette poussière, dit Simon.

Tout à coup, Simon a une idée géniale.
Dans la tête des génies, les idées
jaillissent à tout moment.

Simon s'enferme dans son petit atelier.
Il construit une étrange machine.
D'un côté, il y a un gros entonnoir.
De l'autre côté, il y a un immense sac.
Dans le milieu, il y a beaucoup de tuyaux.

Simon entre dans la cuisine
avec son invention.
— Qu'est-ce que c'est ?
demandent monsieur et madame Patenteux,
d'un air soupçonneux.
— C'est un avaleur de poussière,
répond fièrement Simon.
Et, avant que ses parents interviennent,
Simon met sa machine en marche…

Simon crie fièrement :

— Ça fonctionne ! Ça fonctionne !

L'avaleur de poussière fait tout un tintamarre.

Soudain, la machine avale les balais,

les seaux et les chiffons.

Simon est très excité,

car ses inventions ne fonctionnent pas

toujours aussi bien.

Un pot de confiture quitte la table,
suivi des tasses, des soucoupes
et enfin de la nappe.
— Arrête cette machine !
 ordonnent monsieur et madame Patenteux.
— Que c'est difficile d'être un génie !
 soupire Simon.

Tout le reste de la journée,
Simon se tient tranquille.
Il voit ses parents jeter aux poubelles
son avaleur de poussière.
Simon ne se laisse pas décourager.
Il continue à rêver.

Le lendemain, en s'éveillant,
Simon a une idée géniale.
Dans la tête des génies,
les idées jaillissent à tout moment.

Simon s'enferme dans son petit atelier.
Toute la journée, des bruits surprenants
résonnent dans la maison.

À la fin de la journée, Simon,
le grand inventeur, est épuisé.
— Que c'est épuisant d'être un génie !
soupire Simon.
Mais il est très fier de sa dernière invention.

Le lundi matin, Simon arrive à l'école
avec sa dernière invention.
— Qu'est-ce que c'est ?
   demande madame Legris.
— C'est un mangeur de devoirs,
   répond fièrement Simon.
Et, avant que madame Legris intervienne,
Simon met sa machine en marche...